COMITÉ ÉLECTORAL CONSERVATEUR

DE

L'ARRONDISSEMENT DE NANTUA

RÉUNION

DU

19 NOVEMBRE 1887

DISCOURS DE M. ÉDOUARD MERCIER

BOURG

IMPRIMERIE VILLEFRANCHE

8, place d'Armes, 8

—

1887

COMITÉ ÉLECTORAL CONSERVATEUR

DE

L'ARRONDISSEMENT DE NANTUA

RÉUNION

DU

19 NOVEMBRE 1887

DISCOURS DE M. ÉDOUARD MERCIER

BOURG

IMPRIMERIE VILLEFRANCHE

8, place d'Armes, 8

—

1887

BUREAU DU COMITÉ

L. CABANET, *Président.*

Edouard MERCIER, *Secrétaire.*

César CAIRE, *Secrétaire adjoint.*

COMITÉ ÉLECTORAL CONSERVATEUR

DE

L'ARRONDISSEMENT DE NANTUA

RÉUNION

DU 19 NOVEMBRE 1887

Discours de M. Edouard MERCIER

« MESSIEURS,

« Je ne vous parlerai pas longuement, je ne veux ni abuser de votre bienveillance, ni retarder le très vif plaisir que vous allez éprouver à entendre et à applaudir notre éloquent ami, M. Tissot, le champion dévoué et infatigable de la cause conservatrice, qui a bien voulu nous faire l'honneur d'assister à ce banquet et d'y prendre la parole.

« Notre jeune et vaillant secrétaire-adjoint, M. César Caire, que nous aimons et apprécions tous, vous entretiendra le premier avec son fier, loyal et vigoureux talent.

« Mais auparavant, Messieurs, j'ai le devoir de saluer en votre nom, au nom de cet arrondissement, si largement et si librement représenté ici, M. le comte de Quinsonas, ce chevalier, cet ancien preux ; M. Maurice Aynès, secrétaire départemental, qui nous apporte l'appui et les encouragements du Comité central conservateur de l'Ain ; M. le vicomte de Balorre, conseiller général de Bâgé-le-Châtel.

« M. de Balorre, Messieurs, par son activité, sa persévérance et son habile énergie, a réussi à pénétrer, le premier, au sein du Conseil général, et à y relever fièrement le drapeau conservateur. (Très bien, très bien.)

« J'ai à vous faire part aussi des regrets et des excuses de l'honorable M. Girod (de l'Ain), retenu à Paris ; de M. de Vaux, conseiller d'arrondissement du canton de Bourg ; de M. de Chanteau, maire de Peyrieu, arrondissement de Belley, qui n'ont pu, malgré leur bonne volonté, être des nôtres aujourd'hui

« Nous aurions remercié une fois de plus, Messieurs, M. Girod (de l'Ain) de son attachement constant et inébranlable pour ce pays qu'il a représenté si longtemps, qu'il représente toujours, je puis le dire, car il n'a jamais cessé de le servir et de l'aimer, malgré l'ingratitude de quelques-uns. (Applaudissements répétés.) M. de Chanteau est le Lorrain sans peur et sans reproches, qui, après avoir noblement et brillamment fait son devoir, pendant la guerre, a opté généreusement pour la France, et est venu se fixer au milieu de nous. Nous le retrouverons, Messieurs, aux prochaines élections législatives, et nous l'enverrons, avec MM. Girod (de l'Ain), Tissot et de Balorre, siéger à la Chambre des députés, à la place des infirmes politiques que personne ne nous envie (bravos). J'ose dire, Messieurs, qu'une semblable liste, complétée par les noms de MM. Henri Germain et Francisque Rive — s'ils voulaient bien accepter la candidature — rallierait tous les suffrages honnêtes et intelligents.

« Il semble d'ailleurs, Messieurs, que les temps soient proches, et que nous touchions à une heure décisive. Le régime actuel s'effondre, en effet, sous le mépris et la déconsidération publics. Que nous a-t-il apporté, dites-le moi, sinon la ruine, la criminalité et la haine ?

« Vos fromages, vos bois, votre bétail sont à vil prix. Plus rien ne va, et rien ne va plus, c'est le refrain que j'entends répéter partout; Le commerce et l'agriculture succombent sous le fardeau d'impôts toujours croissants, de charges sans cesse nouvelles, et cela en pleine paix. Où serait donc le nerf de la guerre, Messieurs, l'argent, si de redoutables éventualités avec lesquelles certaines Sociétés plus chauvines, plus patriotes que prévoyantes semblent jouer — d'un cœur léger — si de redoutables éventualités, dis-je, venaient à se produire à la frontière?

« Préparer la revanche dans le travail, le silence et le recueillement, c'est bien, c'est le devoir; le crier sur les toits, c'est pour le moins inutile. La revanche! n'est-elle pas dans tous les cœurs français? Faites-nous donc de bonnes finances. Eh bien! que voyons-nous? Est-ce que le vent souffle aux économies? Est-ce que la plaie du fonctionnarisme ne s'étend pas comme une tache d'huile? La République qui a supprimé — elle s'en vante — la liste civile, l'a revue, corrigée et considérablement augmentée. Il y a beaucoup de figures intercalées dans le texte, Messieurs, ce sont celles des contribuables navrés de voir que les services publics leur coûtent cent cinquante millions de plus, par an, soit quatre cent mille francs de plus par jour, que les régimes précédents. Vous voyez bien, Messieurs, que M. Philipon, le véridique, a raison de vous dire que la République est le gouvernement à bon marché. (Applaudissements.)

« Le Trésor public est fraudé audacieusement aux frontières, et jusque dans le palais même du gouvernement, à l'Elysée, la seule maison de France où l'on ait su faire quarante mille francs d'économies rien que sur

les timbres-postes. (Applaudissements.) —
(De même à Bellegarde : pour l'introduction
de vins de raisins secs sous la fausse décla-
ration de vermouth, au lieu d'appliquer
4,000 fr. d'amende à une maison en réci-
dive, l'on transigeait pour la somme de
1 fr. 20, prix du papier timbré, avec la
réexportation en franchise, en raison des.....
circonstances (élections de 1885). Il est vrai
d'observer que le fraudeur était un gros
bonnet républicain et franc-maçonnique?)

« Avais-je donc raison de vous dire, Messieurs, que le Trésor public est fraudé cyni-
quement, et que par conséquent nous som-
mes volés ! (Très bien.)

« Mais la France n'est-elle pas assez riche
pour payer sa gloire ? N'a-t-elle pas ses
paysans et ses agriculteurs pour la nourrir?
Aussi bien, pour relever l'agriculture, on
n'a trouvé rien de mieux que de mettre à
sa tête — je choisis dans le tas — un minis-
tre qui, dans un voyage en province demeuré
fameux, a, nouveau Christophe Colomb,
découvert le maïs, et un autre qui a daigné
baisser son front auguste vers la terre —
la mère commune, y ramasser un poireau,
le poireau agricole, et de le passer, en guise
de consolation , à la boutonnière, laissant
aux agriculteurs les oignons pour pleurer !
(Hilarité prolongée.)

« En revanche, Messieurs, on a enfoui
l'épargne française dans des milliers de

:ilomètres de chemins de fer électoraux
qui ne font pas leurs frais, et dans la con-
struction de palais dont les fondateurs sont
atteints de la maladie que l'on pourrait
appeler à juste titre « le croup scolaire ».
(Applaudissements et rires). Quand on n'a
pas de quoi aller en voiture, Messieurs, on
va à pied, et l'on arrive quand même. Partisans convaincus de l'instruction populaire
— nous en avons le droit puisque la France,
avant la révolution, possédait soixante mille
écoles, deux par commune ! — nous applau-
dissons à une idée qui n'est pas sortie,
comme on voudrait vous le faire acroîre,
du cerveau en travail de M. Philipon, mais
nous réprouvons une méthode avec laquelle
on a ruiné, à la fois, l'Etat, les communes,
et — ce qui est plus grave — la moralité de
l'enfance.

« L'instruction officielle, Messieurs, a eu
en effet pour résultat d'augmenter, dans
une proportion effrayante la criminalité de
la jeunesse. J'en trouve la preuve dans les
statistiques publiées par le ministère de la
justice. Les prévenus de 16 à 20 ans, dont
le nombre s'élevait à peine à 7,000 par an
avant la République, c'est-à-dire en 1870,
atteignent aujourd'hui celui de 23,000. Leur
chiffre a donc plus que triplé. Si l'on veut
bien considérer d'ailleurs, en thèse générale,
qu'il y a 65 % de criminels lettrés, et 35 %
seulement d'illettrés, que cent mille habi-

tants des villes fournissent 17 accusés, tandis que cent mille habitants des campagnes n'en présentent que 8, ne devra-t-on pas légitimement se demander si l'Ecole actuelle, l'Ecole, neutre en religion, n'est pas, à en voir les fruits, une abominable institution ? Ne l'oubliez pas, Messieurs, ne l'oubliez pas vous surtout, pères de famille, c'est sur les bancs des écoles de l'Etat, des écoles sans Dieu que se recrute, à l'heure actuelle, l'armée du crime. Les écoles laïques — je n'incrimine pas les instituteurs que je respecte, mais les programmes qu'on leur impose — les écoles laïques sont devenues ainsi une véritable pépinière de récidivistes.

« Faut-il s'étonner, après cela, Messieurs, que la haine et la division envahissent nos communes, et que, dans le plus petit hameau, suivant une expression populaire, on en soit « à couteaux tirés » ? Au lieu de l'union féconde du maire, du curé et du maître d'école, l'Administration, par faiblesse quelquefois, par calcul électoral le plus souvent, entretient l'hostilité et la division, non pas pour régner, mais pour tyranniser. (Très bien.) Elle n'a pas assez de dédains et de vexations pour les timides, pour les petits, pour ceux dont le seul crime est de penser que la liberté de conscience — ce *credo* républicain — doit exister autre part que sur les programmes électoraux de nos seigneurs et maîtres. Est-ce que je me trompe, Messieurs, en affirmant que l'Administration, digne de ce nom, n'est plus qu'à l'état de légende, qu'elle emboîte humblement le pas au lieu de le donner, qu'il n'y a plus de préfets ni de sous-préfets, qu'il n'y a plus que les agents, payés par nous, de M. le sénateur, de M. le député, de M. le conseiller général, que les serviteurs obséquieux de leurs petitesses et de leurs rancunes? Au fait, Messieurs, et en élargissant le cadre, qu'attendre d'un régime qui, entre de paisibles religieux, d'humbles petites sœurs des pauvres, et les incendiaires et les assassins de la Commune, a expulsé brutalement les premiers, pour recevoir triomphalement les derniers et les installer impudemment, eux ou leurs souteneurs, jusque sur les sommets? (Bravo, bravo, très bien.)

« Eh bien, Messieurs, et c'est par là que je termine, il faut refaire la patrie française, lui rendre sa prospérité matérielle, son patrimoine moral, son honneur national, sa gaîté et sa bonne humeur. Est-ce que la recette est donc si difficile et si introuvable? Est-ce que le sang généreux, le sang vermeil des Francs ne coulerait plus dans nos veines? Est-ce que la France de Jeanne d'Arc, la France de Clovis, de Charlemagne et de saint Louis dormirait son dernier sommeil? Que celui qui désespérerait d'elle se lève, s'il en a le courage! (Bravo!)

« Travaillons donc de toutes nos forces à la contre-révolution. Je n'entends pas, par là, qu'il faille ramener les diligences, les coucous, les sabliers, les vieilles arquebuses et les antiques coulevrines. J'estime même qu'il n'y a que des Tondu et des Pochon assez bêtes pour croire et vous faire croire que nous voulons rétablir le servage et l'esclavage que le catholicisme a abolis, ou atteler de force vos bœufs aux trains express, pour aller plus vite! Je leur laisse leur remarquable idéal, et leur intelligente manière de saluer l'aurore du xxᵉ siècle. (Rires nombreux.)

« Mais ne pensez-vous pas, Messieurs, que l'heure est venue pour les honnêtes gens de choisir entre la République, ses illusions généreuses, je l'accorde, illusions de la vingtième année, mais qui aboutissent aux turpitudes finales et à la boue que vous avez sous les yeux ; et la Monarchie, qui n'est pas exempte de défauts et d'imperfections, mais qui ne nous forcera jamais, comme la République, de rougir devant nous-mêmes et devant l'étranger ? (Très bien.)

« Ne pensez-vous pas que l'on peut faire appel aux sentiments élevés de la nature humaine au lieu de surexciter *scientifiquement* les passions brutales et les vils appétits ? que l'on doit honorer le dévoûment et le sacrifice au lieu de les ridiculiser ; que l'épargne, la probité et le travail valent peut-être bien l'égoïsme, le trafic, l'agiotage et la concussion ; qu'il est préférable de dire : plus haut ! plus haut ! que : plus bas ! toujours plus bas ! qu'il importe, par conséquent, de relever au-dessus des foules la croix que le régime actuel, en voulant la laïciser, est parvenu à avilir, à déshonorer, et enfin..... à vendre aux enchères publiques ! qu'il convient de rouvrir la grande porte de l'école à l'humble, au petit livre qui fait trembler la franc-maçonnerie qui nous opprime, au catéchisme, Messieurs.

« Il a fait les nombreuses, saines, robustes et glorieuses générations de la vieille France. Il les refera, si vous le voulez, si vous allez résolument au scrutin avec la ferme volonté de nommer des députés qui demanderont au vote populaire le renouvellement, le rajeunissement du pacte primitif conclu entre le pouvoir et la nation et qui auront pour mandat impératif de chasser des fonctions publiques les violateurs et les détrousseurs de la justice, les tripoteurs et les voleurs ! » (Applaudissements répétés.)

CHRONIQUE BUGEYSIENNE

Jamais, je le déclare, ces bons, ces savoureux, ces délicieux républicains ne m'avaient aussi fort réjoui. Quand je considère, en effet, à l'œil nu, l'allongement insolite qu'a subi, rien qu'en quinze jours, l'appendice nasal du parti, je ne suffis pas à me tenir les côtes, et à résister à un de ces accès de douce hilarité que le destin, en oncle d'Améque intermittent, sème parfois sur notre route.

Eux, les vertueux, les purs, les austères — quasi lugubres — éclos à la rosée septembrale, les voilà qui se réveillent, en *cerceau*, ficelés, roulés, bernés dans la vieille *Limousine* qui sert de bâche à l'Égérie tenace de la troisième et dernière République !

Les jeunes, les vieux surtout, Grévy, Wilson, Thibaudin, d'Andlau, Caffarel et Cie, il paraît que tous y sont allés de leur écot en faveur de l'honorable et experte matrone devenue, sur ses vieux jours, *le salon des refusés* pour les sommités civiles, militaires et élyséennes du monde où l'on ne s'ennuie pas !

Au banquet que « ces affreux réactionnaires, ces conservateurs sans âme et sans patriotisme » donnaient samedi 19 novembre, à Nantua, un convive né malin a porté la santé du véritable chef de l'Etat, du président en jupons, de Mme Limousin, et l'on a trinqué ma foi avec enthousiasme. J'estime qu'on a eu raison, car les ministres passent, et la Limousin reste avec ses crampons, comme la personnification chaste, svelte, éthérée, aérienne de Marianne en train de dévisser sa tournure..

Il y a des grincheux qui ont quelque peu ragé de nous voir faire une réunion en ce moment psychologique. — Je ne parle que pour mémoire des *rusés renards*, des *fins limiers*, c'est-à-dire des mouchards, qui, au dire du citoyen Eugène Piquet, dans le *Haut-Bugey* du 27 courant, s'étaient introduits, par son ordre sans doute, au milieu de nous. Il y a de jolis métiers et de plus jolis messieurs encore pour les faire !

Le petit Philipon entre autres, inquiet de sa réélection, aurait tonné avec indignation contre nous. Le maire de Nantua, lui-même, et mon vieil ami Bachoud — ô ingrats ! — auraient tapé aussi contre l'usage que nous faisons de nos droits d'électeurs et de citoyens !

Cela me rappelle le drôle de type qui,

voyant, aux élections de 1885, un de nos porteurs distribuer les *Lettres de l'amiral Courbet*, terribles, comme on le sait, pour l'opportunisme, disait que c'était bien mal de se *faire de la réclame avec un mort*. Quand le gros Spuller bénissait récemment, à Saint-Claude, la statue de Voltaire, ne se faisait-il pas aussi de la réclame en s'asseyant sur un mort ! Lorsque, dans quelques siècles, la souscription pour le buste de Baudin sera close, grâce à la générosité légendaire de ses partisans, et que l'on baptisera la statue de l'un des deux seuls républicains, à ma connaissance, qui aient eu le courage pratique de leur opinion, le judicieux observateur dont j'ai parlé pourra encore dire — car la race ne s'en éteint pas — que l'on se pousse du col sur les côtes d'un mort !

Que les républicains authentiques, solidement maçonnés — gémissons, mes frères, gémissons ! — se lamentent en voyant le régime de leurs rêves piquer une tête dans la marmelade, je l'admets, et leur envoie même mes condoléances ; mais que ces excellents citoyens nous blâment de dîner en famille, parce qu'ils n'ont que du noir à broyer, je m'en moque, et je dis que c'est une fumisterie de leur part, car rien ne les a empêché de se réunir eux aussi, en chœur, et de se larmoyer dans le gilet.

C'est comme le lapin qu'ils essayent de nous poser quand ils ne tarissent pas d'admiration pour le seul gouvernement qui ne soit pas au coin du quai, qui rajeunisse en blanchissant, qui puisse supporter la lumière et se déshabiller au grand air. Ah ! les joyeux et malins compères qui tentent , comme de petits innocents, de faire avaler à la galerie le refrain connu :

A la façon de Barbari
mon ami !

Dites donc, bonnes gens, sans le filigrane, hein ! Sans ce diable de filigrane révélateur, qui a vendu la mèche, comme votre préfet de police faisait bien sauter la coupe, et comme l'ami Wilson aurait pu continuer à l'Elysée sous l'œil encourageant de papa Grévy, à diriger le joli petit commerce que vous savez !

Ne venez donc pas nous dire, en vous rengorgeant, que, sous la Monarchie, semblable Wilsonade aurait échappé au public et à la répression, alors que votre policier en chef est pris la main dans le sac, et que, sans un avocat ficelle qui a voulu voir la marque du papier, la justice, par votre faute, faisait buisson creux et passait à côté du coupable ! Bien que ma force en histoire n'égale pas la vôtre, je me souviens qu'en 1661, sous la Monarchie, le surintendant des finances, Fouquet, apprit aux dépens de sa liberté et de ses biens, que l'on ne trafique pas avec les deniers publics.

Est-ce donc qu'il ne faut pas crier au voleur, parce que le voleur est républicain?

Laissez-moi donc tranquille avec votre belle pudeur! Purifiez, assainissez, nettoyez votre maison, si vous voulez que la France continue à l'habiter, et ne soyez pas surpris, puisque vous êtes impuissants à faire la besogne, que d'autres attrapent le balai et s'en servent!

BUGEYSIUS.

27 novembre.

VERITE
PROBITE
1696